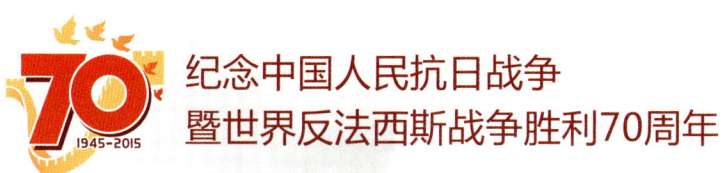

纪念中国人民抗日战争
暨世界反法西斯战争胜利70周年

共同的记忆

中|美|抗|战|纪|实

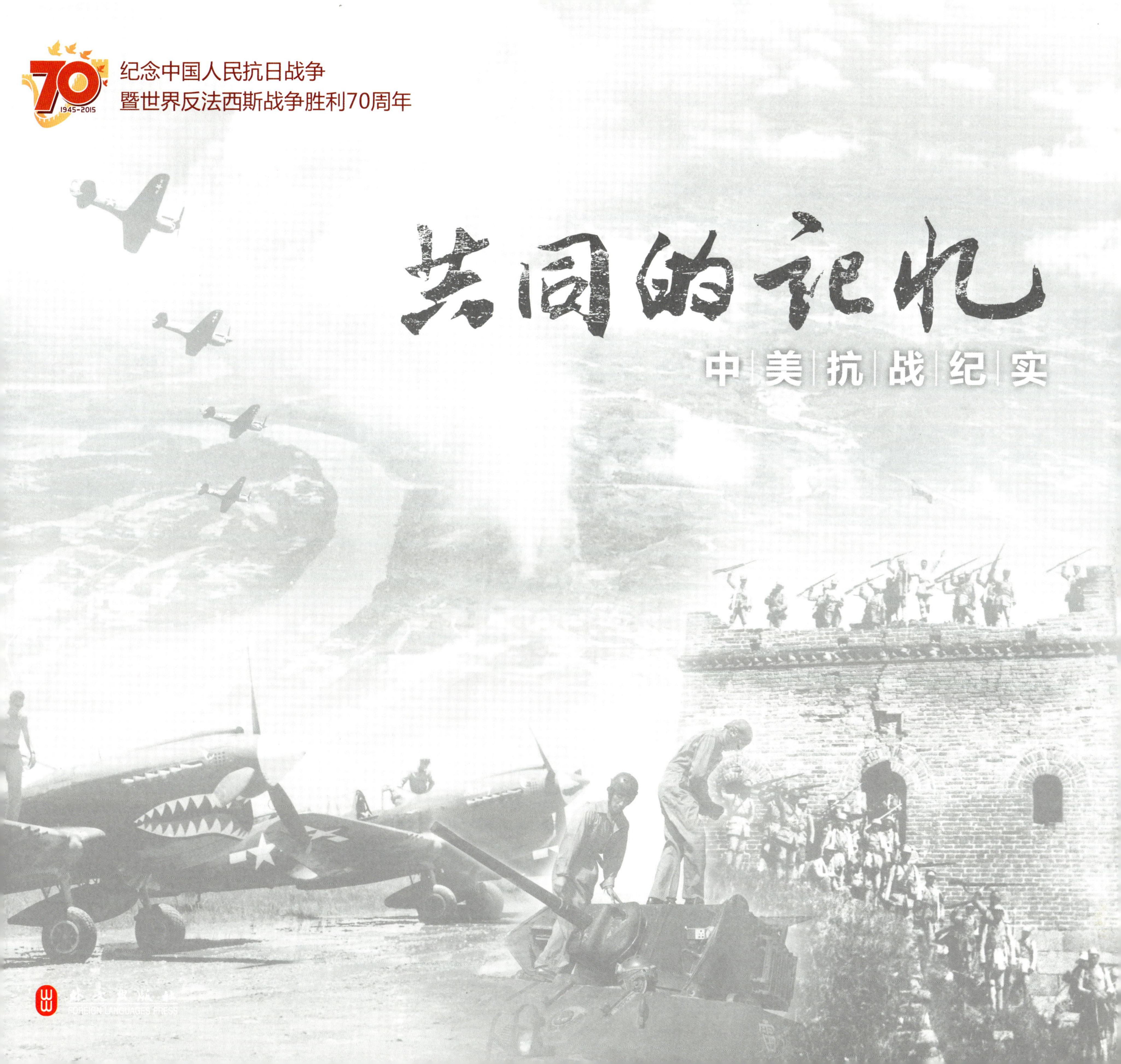

1945-2015

前 言

1941年12月7日，日本军队偷袭美国军事基地珍珠港，挑起太平洋战争。此时，中国已独立抗击日本法西斯侵略10年之久。

1942年1月1日，以中、美、英、苏四国为首的26个国家在华盛顿签署《联合国家宣言》，宣布用自己的全部军事和经济资源与德意日法西斯国家作战，正式形成国际反法西斯统一战线。自此，在波澜壮阔的反法西斯东方主战场上，中国与同盟国美国为了共同的和平梦想，并肩战斗。他们的英雄事迹和生活瞬间，被具有传世功能的影像记录下来。

展开70年前中美联合抗日的史诗与画传，我们可以看到两国政治家、军事指挥家制定方针大计的呕心沥血，更被两国军人在前线的浴血奋战和壮烈牺牲所感动，而两国人民在战争间隙的友好交流则给后人以温馨的记忆。中美两国在共同抗击法西斯的斗争中，以患难中的温情淡化了战争的血腥，表达了人类对和平与美好的向往。

中美联合捍卫和平与正义的行动，构成两国关系中十分特殊、珍贵的一段历史，成为意义非凡、启迪后人的两国人民的共同历史记忆。这一共同记忆警醒人们：世界和平来之不易，反法西斯战争的胜利成果需要各国人民共同维护。这一共同记忆也告诉我们：正义与和平、民主与进步，可以突破因国情不同而产生的理解上的障碍。

2015年是中国人民抗日战争暨世界反法西斯战争胜利70周年，在这个重要的时刻，让我们一起回顾70年前那段战火硝烟的岁月，追忆那些为世界和平、人类发展与进步做出贡献的人们。重温战史，无数英烈的形象依然熠熠生辉——不论是普通百姓、士兵，还是叱咤风云的将军、国家领导人。今天，这场艰苦卓绝的中国抗日战争暨世界反法西斯战争，已成为人类共同的记忆，永载中华民族史册，永载人类和平史册。

中美两个大国共同的历史记忆，也将成为构建中美新型大国关系的宝贵经验和精神财富。

本书照片为美国国家档案馆和中国社会科学院等机构的多年珍藏，其中很多照片都是记录"二战"中重大历史时刻的唯一影像。

CONTENTS
目 录

第一章
正义之战
——中美联合抗日

70 周年

P6　世界反法西斯战争,是人类历史上规模空前的战争,战火遍及亚洲、欧洲、非洲、大洋洲,有80多个国家和地区、约20亿人口卷入其中。

第二章

中流砥柱
——中国共产党领导的抗日战争

第三章

为了和平
——军人与百姓之间的深情厚谊

P116 从1931年"九一八事变"开始，中国共产党最早发起全民族抗战的号召，并根据抗日战争的特点，倡导并推动建立了最广泛的抗日民族统一战线。

P172 人民期待和平，人民希望相互友好，这是中美共同抗战的基本经验，也是今天构建中美新型大国关系的重要精神财富。要让主持正义和平、追求民主进步的主流声音，不断壮大中美关系的社会基础。

正义之战
——中美联合抗日

世界反法西斯战争,是人类历史上规模空前的战争,战火遍及亚洲、欧洲、非洲、大洋洲,有80多个国家和地区、约20亿人口卷入其中。

  1931年的"九一八事变"[1],是中国人民抗日战争的起点,揭开了世界反法西斯战争的序幕。1937年卢沟桥事变[2]爆发,中国战场成为世界反法西斯战争的东方主战场。欧洲战场开始时,中国已独立抗击日本法西斯侵略8年;太平洋战争爆发时,中国已抗击日本法西斯侵略10年,是反法西斯战争持续时间最长的国家。中国共产党和中国政府为世界反法西斯统一战线的建立做出了重要贡献。

  苏德战争和太平洋战争爆发后,东西方反法西斯战场连成一片。苏、美、英等国需要中国坚持抗战以确保整个反法西斯战争的最后胜利;中国也需要苏、美、英等国的配合与支援,以彻底打败日本侵略者。1942年中、美、英、苏四国提议签署的《联合国家宣言》,是近代以来中国第一次与苏、美、英等国共同领衔签署的重要国际宣言。中国人民抗日战争与同盟国对轴心国的作战,特别是与美、英在太平洋对日本的作战密切地联系起来,成为国际反法西斯战线的一个重要组成部分。

飞虎队³空军在中国的某基地。

共同的记忆
中美抗战纪实

1943年11月,开罗会议[4]期间,在米娜宫酒店[5]附近的美国大使亚历山大·柯克的别墅花园,蒋介石[6](前排左一)、罗斯福[7](前排左二)、丘吉尔[8](前排左三)、宋美龄[9](前排左四)等人合影。

纪念中国人民抗日战争暨世界反法西斯战争胜利70周年

1944年6月,陈纳德[10](左八)等人迎候第一架抵达中国的B-29轰炸机。

史迪威[11]（中）与美国军官。

1944年7月15日，史迪威（左一）在询问一名受伤日军俘虏的情况。

1945年4月14日,缅甸西保,中美两国军人举行罗斯福总统逝世追悼大会。

1945年4月15日,中美将领悼念罗斯福总统逝世。

共同的记忆
中美抗战纪实

1938年7月,美国民众持各种抗日标语在日本驻美大使馆前示威。

抗日战争全面爆发后,美国学生组织大规模的反侵略游行,将日货沉入海港。

阿诺德[12]（左二）与陈纳德（左三）等在中国某飞虎队基地。

飞虎勇士
——陈纳德将军的航空队

抗日战争全面爆发后，美国空军中将陈纳德接受宋美龄的建议，在中国云南省昆明市郊组建航校，以美军标准训练中国空军，协助中国空军对日作战。1941年，由美军飞行员组成"中国空军美国志愿援华航空队"，参加中国的抗日战争，这支志愿航空队以插翅飞虎的队徽和鲨鱼头形机首名闻天下，被称为"飞虎队"。

1943年，志愿航空队改为第十四航空队，协助组建中国空军对日作战，并开辟了著名的"驼峰航线"[13]。两国飞行员克服重重艰难险阻，飞越驼峰天险，突破了日军对中国的围困，运来了对日作战急需的战略物资，架设起空中战争的生命线，为抗战胜利做出了不可磨灭的贡献。飞虎队大多数队员均得到中国政府的嘉奖，牺牲于"驼峰航线"的先烈也永远活在中美人民的心中。

陈纳德

1943年10月20日，陈纳德与中国航空委员会视察组成员在中国前线某空军基地。

1943年3月30日，陈纳德与飞虎队第23战斗队。

1943年10月20日，陈纳德与中国航空委员会视察组成员在中国前线某空军基地。

美国运输机和准备卸载货物的工人们。

1. 一架柯蒂斯 C-46 突击队员大型运输机在中国某空军基地进行紧急维修。
2. 中国某前线基地，中美士兵正在收集从飞机上卸下的弹药和炸弹。
3. 中国西部某地，中美士兵及百姓正在为空投物资打包。
4. 中国前线某空军基地，第 14 航空队重型轰炸机正在为长途飞行加油。

共同的记忆
中美抗战纪实

1944年4月，云南昆明，美军士兵正在从C-87运输机上卸汽油。

1944年4月，云南昆明，美军士兵正在从C-87运输机上卸货物。

中国某机场，B-25 米切尔型轰炸机正在加油，这些飞机将起飞进行对日作战。

中国某地机场,美国地勤人员正在为轰炸机弹仓填充 50 口径子弹。

中国某地机场。卡车上装载的是从印度经"驼峰航线"运输而来的美国援华物资。

第 14 航空队队员与他们的大鲨鱼飞机。

1944 年 9 月 15 日,第五军士兵乘 C-47 运输机由云南驿(当今唯一集中了马帮运输、公路运输、铁路运输与航空运输等不同时代运输方式的地方,位于中国云南省,是人类交通发展史的活化石)前往保山。

中国某空军基地,防空警报响起,飞虎队队员奔向 P-40 战斗机准备升空作战。

第14航空队的P-40战斗机在中国领空巡逻。

1944年12月18日,美军第20航空队B-29型超级保垒轰炸机轰炸日军在汉口的设施。这是第20航空队与第14航空队的首次联合行动。

1944年10月16日,第14航空队突袭日军占领下的香港,日军32000多吨物资在港口被击沉。

共同的记忆
中美抗战纪实

1944年10月16日,第14航空队突袭香港九龙港地区。

1945年1月,美国第三舰队舰载机轰炸日军在香港的港口设施与舰船。

1945年1月16日,美军飞机轰炸占据香港的日军。

1945年6月4日，第14航空队轰炸日军占领地宝庆，这是日军在华中重要的物资补给中心。

共同的记忆
中美抗战纪实

1945年1月18日,第14航空队中国基地,美军第51战斗队队员与队旗合影。

纪念中国人民抗日战争暨世界反法西斯战争胜利70周年

抗敌御侮
——血与汗的浇筑

　　中国人民抗日战争，是近代以来中国反抗外敌入侵第一次取得完全胜利的民族解放战争。同时，中国人民为世界反法西斯战争胜利付出了巨大的牺牲。中国军民伤亡总数在3500万以上，按1937年比值折算，直接经济损失1000多亿美元，间接经济损失5000多亿美元。

　　1942年初，中国的抗日战争虽处于极为困难的境地，但中国政府仍根据国际反法西斯同盟的战略要求，派出远征军[14]入缅，配合盟军在亚太战场上的对日作战，阻滞日军在缅甸的进攻。这是甲午战争以来中国军队首次出国作战，立下了赫赫战功。滇缅公路[15]，是中国政府为抢运在国外购买和国际援助的战略物资而紧急修建的。

　　一边是来自美国的飞机、汽车，一边是中国民众肩挑背扛修建起来的机场、公路，现代技术与传统精神，以及对人类和平、正义的信念，使中美两国官兵并肩作战。

   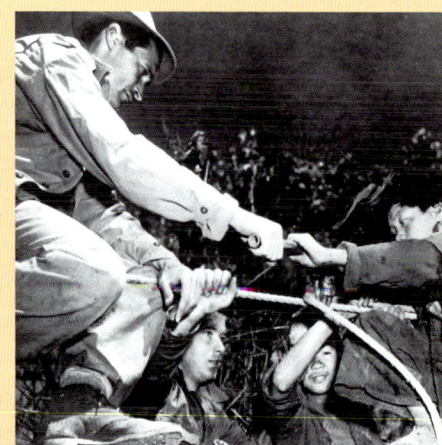

第14航空大队飞行员快步穿过机场向轰炸机跑去,准备对日本本土军事基地发动突袭。

有 300 名中国儿童参与了为第 14 航空队修建机场的工作。

工人们正在铺设新机场的地基。

中国某地,这里正在为美军的双引擎飞机修停机坪。

在中国一个较为先进的机场,美国士兵正在指导中国士兵卸载不同类型的炸弹。

美国 B-29 型超级空中堡垒轰炸机停在重庆机场跑道上。

昆明机场，人们好奇地围观着刚轰炸日本长崎县大村市后飞回的 B-29 超级空中堡垒轰炸机和飞行员。

1943年12月6日，印度卡拉奇，美国军官和中国船员在为中国制造的舰船上合影。

1. 1943年11月21日，印度某地，中美训练中心。
2. 中国士兵在该中心进行训练。
3. 在该中心，中国士兵学习驾驶 M3-A3 轻型坦克。
4. 1945年3月30日，盟军在缅甸某地会合，中国第1兵团士兵和印度第36师士兵握手庆祝。

共同的记忆
中美抗战纪实

印度某大型美军训练基地，中国远征军工程人员正在架设桥梁。

1943年11月21日，印度某大型美军训练基地，中国远征军士兵在学习架炮。

印度某大型美军训练基地,美国教官正在教中国远征军士兵使用美式装备及其战术,这些士兵大多参加过对日作战。

共同的记忆
中美抗战纪实

1. 印度某训练中心，美国教官在向中国士兵讲授美国汽车的动力与传送原理。
2. 中国士兵正在印度某训练中心学习美国卡车的驾驶技术。
3. 中国士兵正在印度某训练中心学习汽车驾驶。史坦尼斯中士（左）和摩纳哥上尉做出停止的手势。

在学习驾驶技术之前，中国士兵需要了解有关汽车发动机的简单知识。

1. 1945年1月24日，中美车队即将通过缅甸某地的一座大桥。
2. 1945年1月29日，中美车队经过云南省龙陵县。1944年发生在这里的"龙陵战役"是抗日战争重要的反击攻坚战，基本上将在中国滇西的日军歼灭，成功收复滇西4万平方公里土地，为打通中印国际交通线创造了条件。
3. 1945年2月4日，成千上万昆明市民上街迎接中美车队抵达。

1945年1月20日，抗日远征军攻克被日军侵占的滇西最后一个据点黑山门，收复国门畹町。同月21日，中国远征军与驻印部队在畹町附近会师；28日，在畹町举行了中印公路通车典礼。

蜿蜒而上的公路。

1. 穿着簑衣的中国工人在用美军提供的现代工具修筑滇缅公路。
2. 滇缅公路上的运输车队。
3. 为纪念史迪威将军在中印公路修建中发挥的重要作用，中印公路后被命名为史迪威公路。

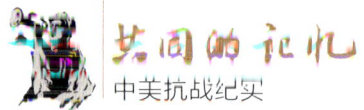
共同的记忆
中美抗战纪实

在中国工人的协助下,美国工程师正在铺设从印度通向中国云南的输油管道。

1.2.3. 安装中印输油管道的美国工程师和中国工人、当地民众。

正义之战
——中美联合抗日

搬运油管。

共同的记忆
中美抗战纪实

中印输油管铺设工程。美国工程师正在修建一个可以装500桶油的机场储油罐。

修建中的中印输油管铺设工程。

中美共同建设中印输油管线。

1. 1945年3月8日，印度孟加拉帕巴蒂普北院，美军第721运营营士兵正在装卸筑路机。北院于1944年由英国和印度修建，第721运营营将其用来转运重型物资。
2. 1945年3月16日，准备转运到印度阿萨姆邦的美军卡车和吉普车。
3. 1945年3月，印度的一个转运站。

经过"驼峰航线"运来的输油管。

团结支援
——架设友谊之桥

从1931年开始到1945年结束,中国人民抗日战争经历了14年艰难曲折的历程。在这场战争中,中国人民对日本侵略者进行的长期打击、牵制和制约,保证了同盟国大战略的实施,有力支援了太平洋战场的作战。同时,包括美国在内主持正义的国家和人民也给中国人民提供了宝贵的人力、物力支持,加速了彻底打败日本侵略者的进程。

在那段特殊时期,远涉重洋来到东方战场的美国官兵与中国远征军官兵,共同训练,相互支援,写就了恢弘的历史篇章。

美军上校海克曼·斯普林菲尔德（左五）在学员班上讲授飞机识别知识。

1. 1945年1月16日，在美军中国训练项目的翻译训练班上，中国学员在阅读美国杂志。
2. 翻译训练班上的中国学员在学习会话和军事术语翻译。
3. 翻译训练班上，中国学员与教官讨论时局并了解美国。

中国学员在学习迫击炮使用技巧。

正义之战
——中美联合抗日

中国学员在学习架设移动电台。

中国学员在练习实弹射击。

中国驻缅甸远征军的一个兽医小分队在向马夫讲解如何更好地包装战略物资。

中国驻缅甸远征军重视军事理论的应用。图为美军阿拉斯上校在讲授进攻和防御的战术。

共同的记忆
中美抗战纪实

1. 美国军官向中国军官讲解轻型坦克。
2. 中国士兵在单兵坑中就位。
3. 一位指挥官在向将军们介绍尖竹钉坑等丛林作战问题。
4. 运送卡车渡河。

| 1 | 3 |
| 2 | 4 |

一位美国少校在向中国军人介绍机械传动装置。

共同的记忆
中美抗战纪实

1944年,广西某地,美军少校弥尔顿在向中国士兵讲授新的战术。

纪念中国人民抗日战争暨世界反法西斯战争胜利70周年

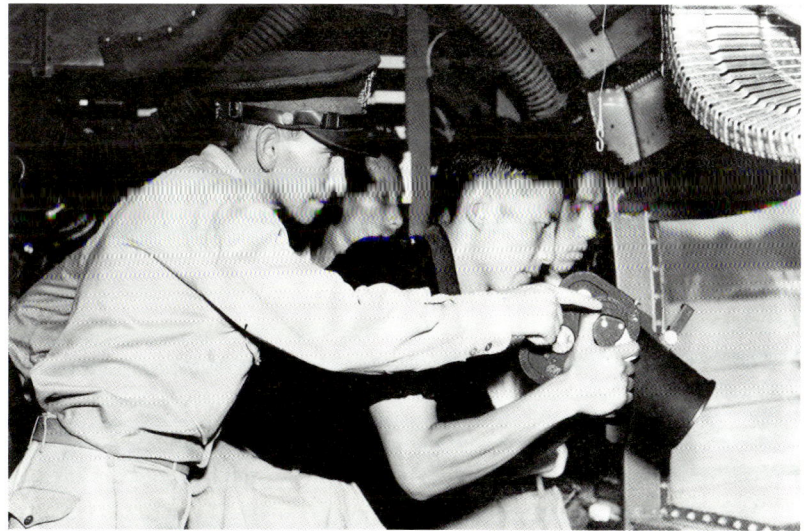

1. 1944年3月，一位美国军官在示范如何从铁丝网下面爬过。
2. 广西步兵训练中心，美国教官在教授中国学生无线电设备的操作。
3. 1944年10月31日，在一架飞机上，美军上尉阿兹拉指导中国学员空中摄影。

共同的记忆
中美抗战纪实

1. 1944年8月28日，广西某基地，美国教官指导中国军队射击训练。
2. 中国炮兵接受射击训练。
3. 在训练中心的狙击课程中，来自广东省的杨中士在示范武装泅渡。
4. 美军教官在指导中国士兵使用火焰喷射器。

| 1 | 3 |
| 2 | 4 |

广西步兵训练中心,美军教官在指导中国学员使用6英寸迫击炮。

美国教官查尔斯中士在教授学员学习手语信号。

正义之战
——中美联合抗日

1. 一位美国教官在向中国士兵讲解枪械的使用。
2. 赫尔曼少校与一个流动指导小组视察中国远征军。
3. 美军海军在训练中国的特战小队。
4. 1944年8月28日,广西步兵训练中心,中国学生在学习搭建木桥。
5. 1945年5月16日,中国某地,一位中国士兵为首长们演示美式刺刀战法。

美国空军司令部下属的飞机修理厂里,中国机械师和美国士兵一起检修飞机。

在中国某空军基地,中美两国机械师和工程师在维修和保养战斗机和运输机,美国机械师同时对中国技术人员进行培训。

美国诺克斯堡陆军装甲部队学校,接受培训的中国军人张煜南上尉在认真学习。

赢得胜利
——建设战后世界新秩序

中美两国军队为和平而战,付出了巨大牺牲,最终取得了反法西斯战争的胜利。

1943年10月,中、美、英、苏四国宣言提出在战后建立一个普遍性国际组织的建议。1945年4月25日至6月26日,在美国旧金山举行了50个国家参加的联合国制宪会议,会议讨论并签署了《联合国宪章》,中国成为联合国安理会五个常任理事国之一,包括中国共产党代表董必武在内的中国政府代表团参加会议。中国是宣言上的第一个签字国,为彻底打败法西斯和建立战后世界新秩序发挥了重要作用。

1944年5月19日,缅甸密支那机场附近的田地里,医护人员正在进行外科手术前的准备工作。

一位美军军官站在指示通向缅甸的密支那、八莫以及中国的龙陵等地的里程路标下。

一位中国士兵在练习刺杀。

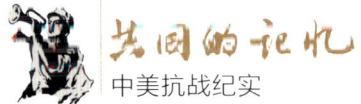

1945年1月18日,缅甸密支那,为中印车队提供服务。

中印车队人员就餐的食堂。

满载物资的卡车经惠通桥到达怒江西岸,即将开赴前线。

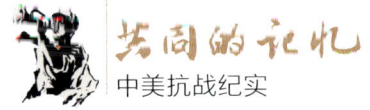

共同的记忆
中美抗战纪实

1.2.3. 1945 年 2 月 28 日,官兵们从怒江前线运载中国伤兵。

正义之战
——中美联合抗日

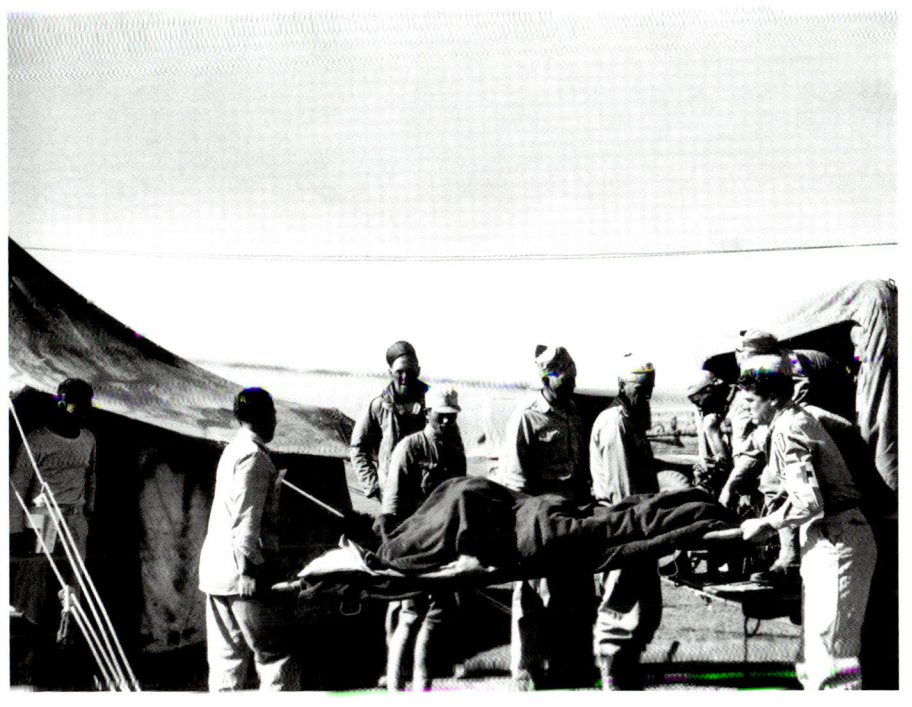

共同的记忆
中美抗战纪实

美军Y部队的官兵在怒江前线侦察。

在美国援助下修筑的怒江大桥，是运送军用物资的重要通道。

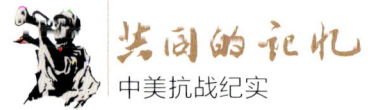
共同的记忆
中美抗战纪实

1. 1945年1月16日，孙立人[16]（右一）将军与美军中将苏尔坦（左一）。
2. 孙立人与美军军官们在一起。
3. 孙立人会见美军军官。
4. 孙立人欢迎美军军官。

| 1 | 3 |
| 2 | 4 |

1944年5月1日，5307混编部队的美国士兵们准备将一名中国伤员抬上飞机疏散。

共同的记忆
中美抗战纪实

1. 1944年4月29日，缅甸，5307混编部队一位一等兵利用休息时间教885团一名中国士兵使用M1型加兰德步枪。
2. 5307混编部队一名下士与一名中国士兵相互校验彼此的步枪。
3. 1944年9月8日，中国驻印部队先遣队结束在腾冲地区的侦察任务回到缅甸。

	1
2	3

1、2. 1944年8月28日，执行侦察任务的美国军队进入中国腾冲。这是美军侦察部队从曼德勒进入中国的第一天。

3. 1944年，中国腾冲，由中国第38师、美军第475步兵无线电队的士兵和第44战地医院医疗队组成的混合部队，在思雷基尔少校指挥下进行侦查搜索。

美军通讯摄影兵

正义之战
——中美联合抗日

1. 1945年3月8日，孟加拉帕巴蒂普，美军第721运营营正在转移管道。
2. 卸载汽油罐。
3. 孟加拉民众帮助官兵们从储油罐向米轨车罐中抽取汽油。

共同的记忆
中美抗战纪实

1945年3月22日，缅甸西保，中国远征军第50师士兵看管着企图逃跑的日军士兵。

在待命瞄准中的第50师步兵。

1945年3月21日,缅甸西保,第50师官兵举行升旗仪式。

1945年3月20日，运送物资中的中国士兵。

正义之战
——中美联合抗日

1. 1944年5月14日，缅甸曼德勒飞机场，工程师清理缴获的日军蒸汽压路机。
2. 1945年3月21日，缅甸西保，美国士兵吉米正在使用一种储存医疗用品。
3. 1945年3月26日，缅甸西保，中国远征军第50师少校助理医官与两名美国军官在查看日军撤退后丢下的药品。

共同的记忆
中美抗战纪实

1945年1月25日,缅甸卡巴尼,中国第5332旅与坦克部队一起训练。

1945年1月14日,缅甸利多,驶向中国的美军车队。

共同的记忆
中美抗战纪实

1. 1944年5月14日，缅甸曼德勒，一位中国士兵与美国士兵在被击毁的日军轰炸机旁。
2. 1944年9月11日，缅甸，初次见面的蒙巴顿将军与弗朗西斯上将正在交谈。
3. 1945年3月9日，缅甸南渡，第50师指挥部，两位中国士兵分别牵着一匹从日军缴获的棕色马和一匹美军的骡子。
4. 1945年3月20日，被美国火星特种部队卸下的卡车离开昆明机场，开赴新的营地——昆明第21旅社。

纪念中国人民抗日战争暨世界反法西斯战争胜利70周年

在解放腾冲的战斗中,中国劳工为中美军队搬运弹药。

共同的记忆
中美抗战纪实

松山，第 50 师滇缅作战纪念碑落成典礼。

松山最高、最坚固的日军据点被中国军队通过地道埋下的 6000 磅 TNT 炸药摧毁。

共同的记忆
中美抗战纪实

1. 1944 年 9 月 3 日，松山，中国士兵看守着两位日军俘虏。
2. 1944 年 8 月 29 日，松山，中国远征军士兵在搜索日军。
3. 1944 年 9 月 3 日，松山，中国军官和一辆美军履带式"国际收割机"。

1	
2	3

纪念中国人民抗日战争暨世界反法西斯战争胜利 70 周年

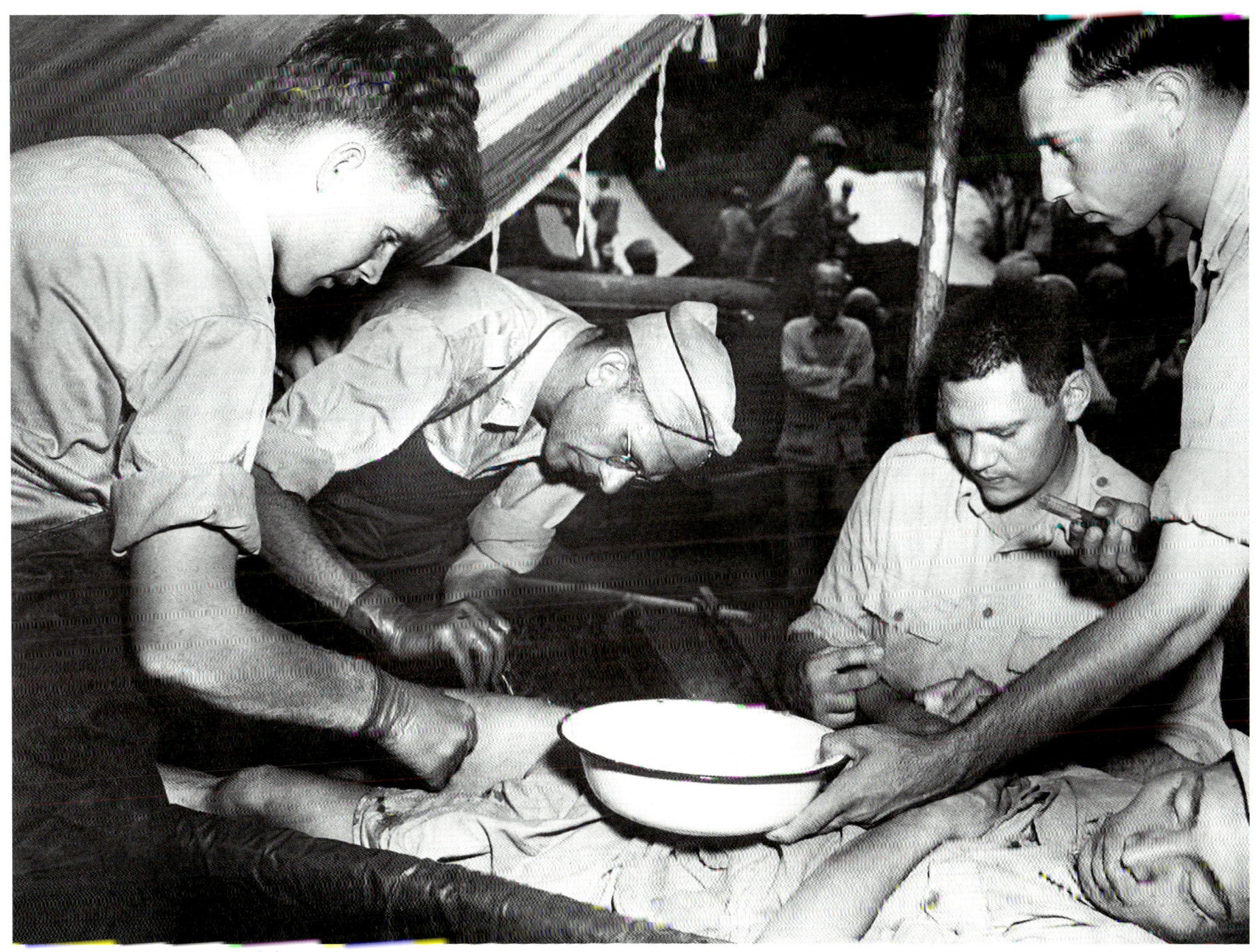

在松山战斗中负伤的中国士兵正在战地医院接受美军医生的治疗。

1945年8月15日,日本宣布无条件投降。这是中国战区16个受降区之一的广州受降仪式现场。

正义之战
——中美联合抗日

中国战区天津受降仪式现场。

天津受降仪式上,日军中将内田银之助正在签署投降书。

共同的记忆
中美抗战纪实

天津受降仪式上,日军将领交出佩刀。

日本陆军总参谋长小林浅三郎呈交降书。

共同的记忆
中美抗战纪实

1945年9月2日，同盟国代表接受日本无条件投降的签字仪式，在停泊于日本东京湾的美国战列舰"密苏里"号上举行。

纪念中国人民抗日战争暨世界反法西斯战争胜利70周年

日本外相重光葵签字。

共同的记忆
中美抗战纪实

美国代表麦克阿瑟将军签字。

苏联代表杰列维亚科中将签字。

正义之战
——中美联合抗日

1946年3月14日,上海,被遣返的日本军人。

正义之战
——中美联合抗日

1945年10月2日，天津民众集会欢迎美国海军。

从1931年"九一八事变"开始，中国共产党最早发起全民族抗战的号召，并根据抗日战争的特点，倡导并推动建立了最广泛的抗日民族统一战线[17]。

中流砥柱
——中国共产党领导的抗日战争

1944年，罗斯福总统通过美国记者埃德加·斯诺[18]了解了中国共产党的抗日斗争和对美国的态度。作为斯诺的忠实读者，罗斯福总统在1942-1945年间曾三次邀请斯诺到白宫讨论中国问题，其中1944年5月的谈话使罗斯福总统更加坚定了与中国共产党接触的决心。1944年6月，美国副总统华莱士带着罗斯福的特别任务访华，表明美国希望国共团结的愿望，及向延安派遣美国使团的议题。华莱士的访华终于促成了"迪克西使团"[19]的建立。

1944年7月22日和8月7日，美国军事观察团[20]分两批乘美军C－47运输机从重庆到达延安，受到中共和延安各界人士的热烈欢迎，也开辟了与中国共产党直接联系的通道。美国军事观察团团长、"中国通"戴维·包瑞德一行9人，在延安开展了大量而卓有成效的活动。他们认真听取了彭德怀、叶剑英[21]、陈毅等中共高级军事领导人所做的报告，对敌后战场和抗日根据地有了基本了解；他们深入部队调查研究，对中共军队军事素养与作战能力有了直接了解；除在延安附近活动外，他们还不断派出小组或个人到敌后根据地进行考察；他们还组织对美国空军的救援工作，把落难的空军战士送回国内。

在延安期间，他们还发现这里没有警察，除农民外，几乎所有的人均穿土布缝制的中山装式的制服。但是，"这里充满信心，没有失败主义，没有对战争的厌倦"。

美国观察团见证了中国共产党在世界反法西战争中中流砥柱的作用，也见证了正在孕育的新中国。

共同的记忆
中美抗战纪实

1945年8月,毛泽东[22]赴重庆谈判[23]前,与专程前来迎接的美国驻华大使赫尔利[24]一同向送行者致意。

1945年8月28日,毛泽东偕周恩来、王若飞抵达重庆。

在抗日战争时期，陕北的延安是抗日民主的圣地，许多来自全国各地的进步青年为寻找救国救民的真理而慕名前往。图为毛泽东主席在延安。

中流砥柱
——中国共产党领导的抗日战争

抗日战争时期,周恩来同志任中国共产党中央代表,长期驻在国民党政府所在地重庆,这是周恩来在重庆曾家岩50号中国共产党代表团驻地。

共同的记忆
中美抗战纪实

1944年，以包瑞德为首的美国军事观察团访问延安。图为毛泽东与包瑞德及美国观察团成员在去会谈场所的路上。

中流砥柱
——中国共产党领导的抗日战争

共同的记忆
中美抗战纪实

毛泽东与包瑞德及美国观察团走出会场。

纪念中国人民抗日战争暨世界反法西斯战争胜利70周年

朱德、邓颖超等与包瑞德及美国观察团成员合影。

包瑞德及美国军事观察团成员在朱德等陪同下观看陕北秧歌。

中流砥柱
——中国共产党领导的抗日战争

 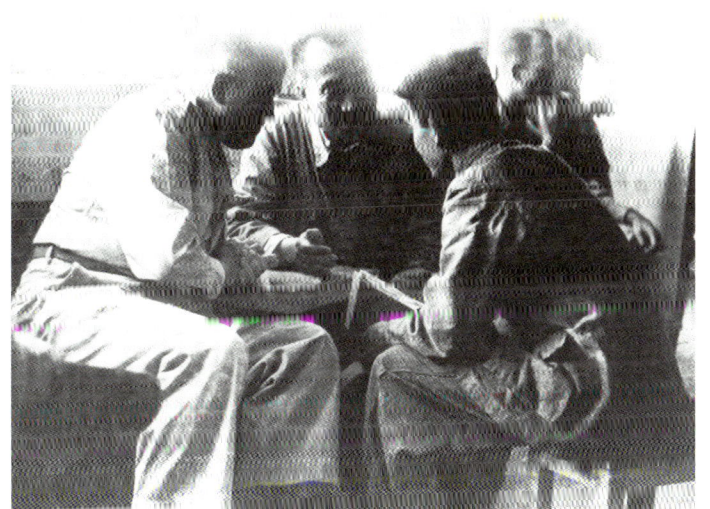 

1. 包瑞德及美国军事观察团成员与朱德等在延安。
2. 包瑞德与朱德等在延安会谈。
3. 包瑞德与朱德促膝交谈。

| 1 | 2 | 3 |

共同的记忆
中美抗战纪实

美国军事观察团刚刚抵达延安,包瑞德即与周恩来交谈。

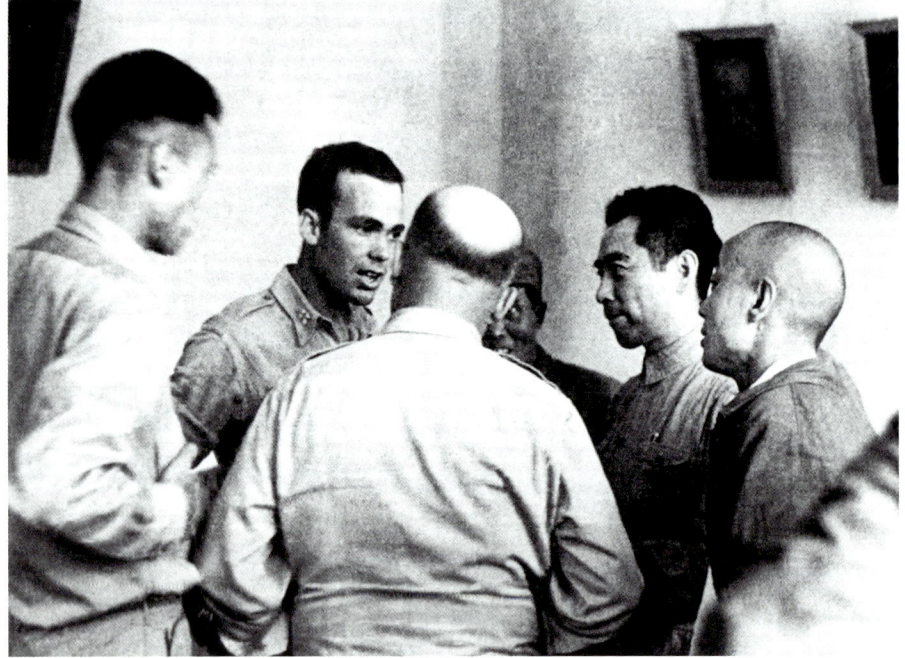

周恩来与美国观察团成员交谈。

何瑞德与周恩来。

共同的记忆
中美抗战纪实

叶剑英和美军驻延安观察团一起讨论军事训练问题。

纪念中国人民抗日战争暨世界反法西斯战争胜利 70 周年

中流砥柱
——中国共产党领导的抗日战争

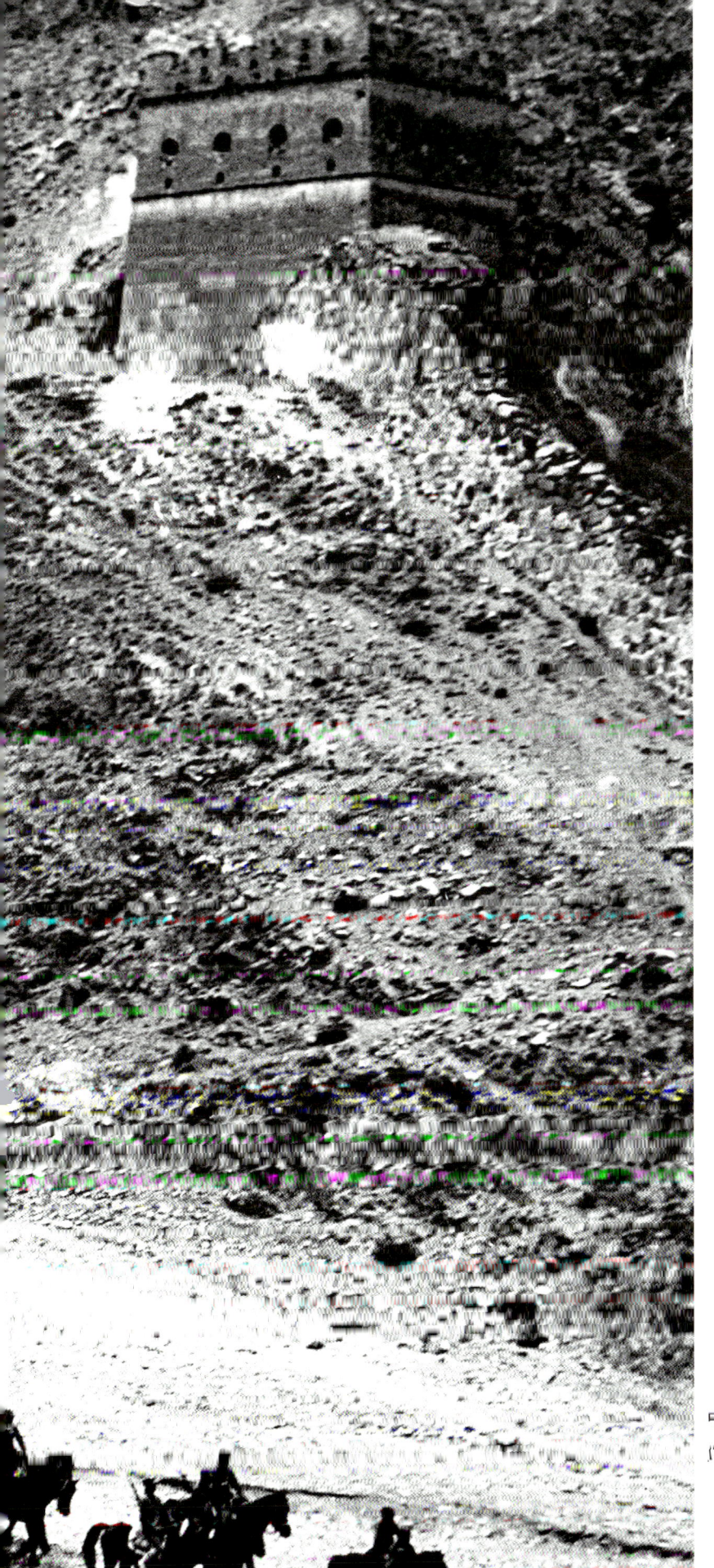

中国共产党领导下的八路军、新四军挺进敌后,先后在华北、华中和华南的广大农村地区建立了19个抗日根据地。

共同的记忆
中美抗战纪实

在中国共产党领导下,到抗战末期,人民军队已发展成为百万大军,并拥有 200 多万民兵。

共同的记忆
中美抗战纪实

八路军是中国共产党在抗日战争时期直接领导的一支人民军队，是坚持在华北抗战的主力军。

八路军战士正在接受日本侵略者的投降，并缴获了大批枪械。 ▶

毛泽东在延安。

中流砥柱
——中国共产党领导的抗日战争

战壕里正在埋设地雷,防止敌人南进。

游击队员以青纱帐做掩护,采用灵活机动的战术打击日寇。

共同的记忆
中美抗战纪实

毛泽东和延安杨家岭农民亲切谈话。

纪念中国人民抗日战争暨世界反法西斯战争胜利70周年

游击队员以地道为依托,从地道口袭击门窗和伪军。

这是当年美国人用相机拍下的延安塔。

中流砥柱
——中国共产党领导的抗日战争

八路军战士在战斗间隙仍不忘进行学习。

共同的记忆
中美抗战纪实

1937年9月，平型关战斗中的八路军阵地。

1940年,在百团大战中,八路军晋察冀军区部队任河北省涞源县攻克东团堡。

共同的记忆
中美抗战纪实

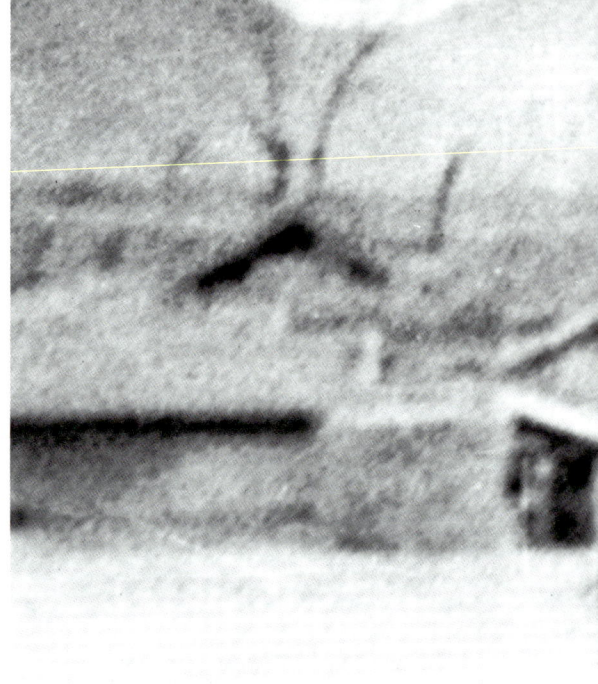

1944年11月,毛泽东对广大将士发表讲话。此时,中国共产党领导下的八路军已经解放了中国北方的大片领土。

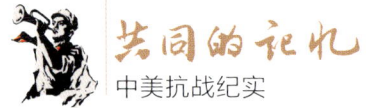

共同的记忆
中美抗战纪实

一名正在站岗的游击队战士。

1940年，河北中部某地的两名儿童团员。

1940年4月,河北唐县,儿童团员正在排练。

共同的记忆
中美抗战纪实

抗日战争时期，在中国山西成立的美加国际和平医院。

纪念中国人民抗日战争暨世界反法西斯战争胜利 70 周年

共同的记忆
中美抗战纪实

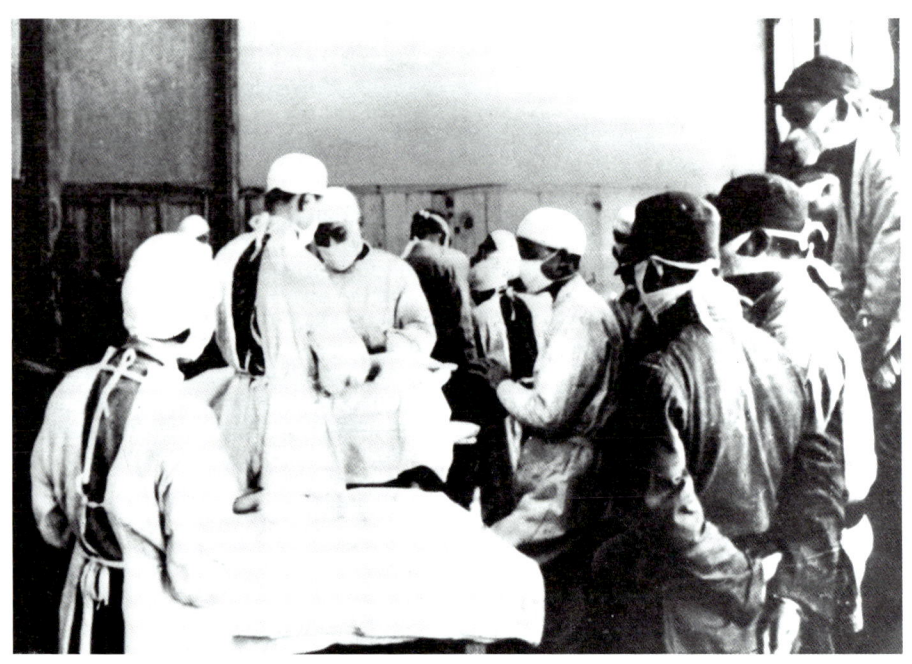

国际和平医院，医生们不知疲倦地工作着。

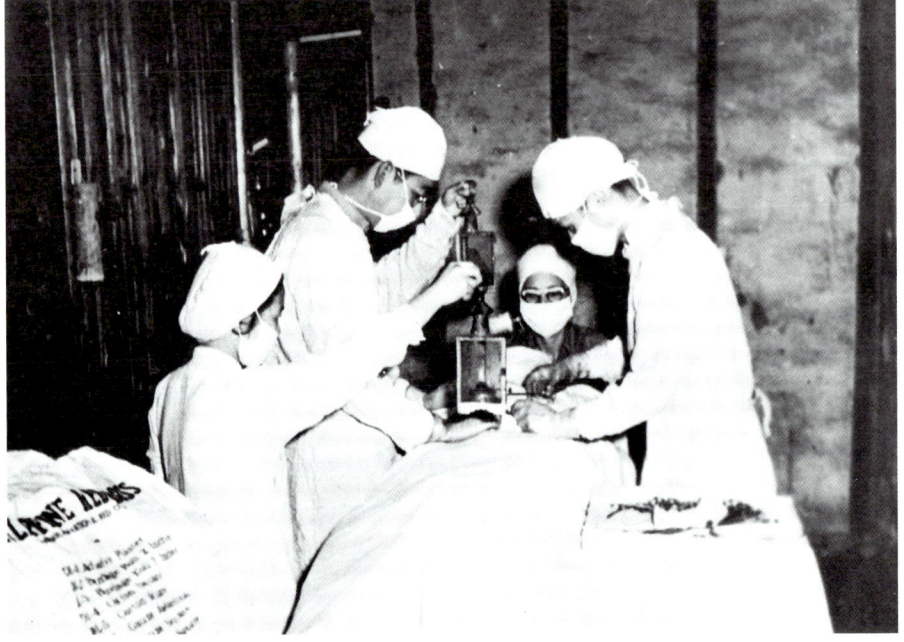

国际和平医院，两名中国医生在极其艰苦的环境下进行手术。

国际和平医院医护人员合影。

诺尔曼·白求恩[28]大夫，国际和平医院的创办者。

1939年10月,河北涞源,白求恩大夫在艰苦的环境下做外科手术。

中流砥柱
——中国共产党领导的抗日战争

1946年春节,延安人民向美军观察组赠送礼品。

共同的记忆
中美抗战纪实

1944年7月,一个由18名美国年轻外交官和军官组成的美军观察组飞抵延安,展开了美国政府与中国共产党的外交。

中美两国朋友在"惠特尔赛纪念堂"前的合影留念。

共同的记忆
中美抗战纪实

包瑞德向美国观察团成员介绍叶剑英。

1. 叶剑英在试射美国观察团成员带来的一支 M-1 卡宾枪。
2. 包瑞德在叶剑英的陪同下，用望远镜观察 359 旅一支部队的演习。
3. 叶剑英把一支从日本军队缴获的步枪交给 359 旅一名战士。

共同的记忆
中美抗战纪实

包瑞德及美国观察团成员与叶剑英等向通过检阅台的 359 旅战士敬礼。

包瑞德及美国观察团成员与叶剑英等检阅 359 旅，包瑞德在用流利的中文进行讲演。

包瑞德及美国军事观察团成员在叶剑英陪同下检阅八路军359旅。

在包瑞德及美国军事观察团成员检阅完部队后,叶剑英向部队作讲话。

共同的记忆
中美抗战纪实

包瑞德及美国观察团到达延安后，检阅八路军仪仗队。

纪念中国人民抗日战争暨世界反法西斯战争胜利 70 周年

359旅旅长王震陪同包瑞德及美国军事观察团成员前往359旅旅部。

包瑞德与延安日本工农学校校长野坂参三在交谈,这里的学员都是被感化的日军战俘。

包瑞德及美国军事观察团成员观看抗日题材秧歌。

中流砥柱
——中国共产党领导的抗日战争

1. 包瑞德正在检视一把359旅缴获的日本军官战刀。
2. 包瑞德及美国军事观察团成员观看抗日题材秧歌，服装和武器都是从日军缴获的。
3. 第一辆来到陕北进行道路测试的美国吉普车。

共同的记忆
中美抗战纪实

包瑞德及美国观察团成员在陕北参观一家小型军工厂。

纪念中国人民抗日战争暨世界反法西斯战争胜利 70 周年

包瑞德及美国观察团参观 359 旅被服厂，厂里的工人都是士兵。

被感化的日军战俘在延安日本工农学校纺线。

包瑞德在指导一名八路军战士使用从日军缴获的步枪。

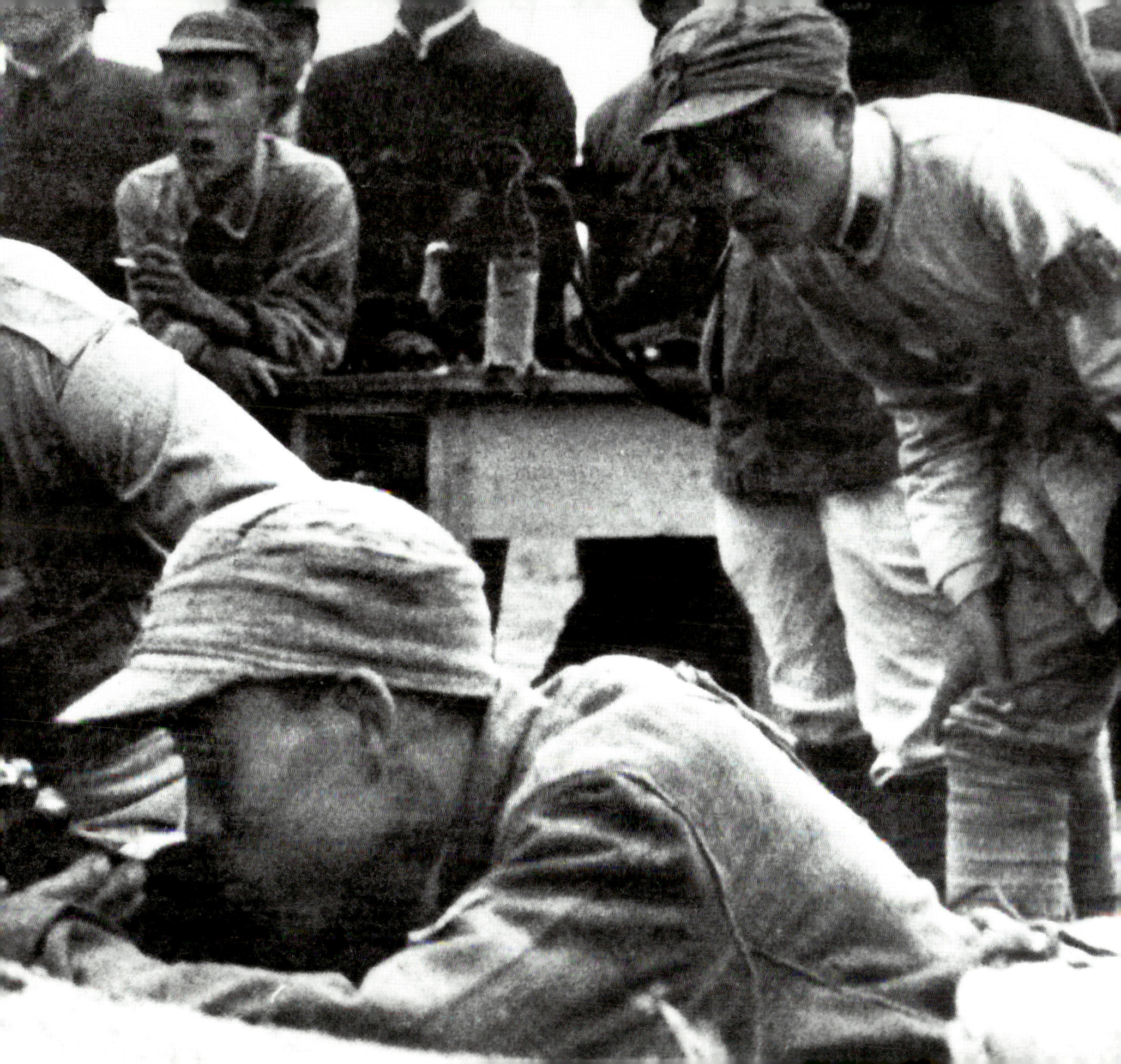

人民期待和平，人民希望相互友好，这是中美共同抗战的基本经验，也是今天构建中美新型大国关系的重要精神财富。要让主持正义和平、追求民主进步的主流声音，不断壮大中美关系的社会基础。

为了和平
——军人与百姓之间的深情厚谊

前方战场硝烟弥漫，后方基地平静温馨。头戴斗笠的赤脚农民与佩戴钢盔的美国军人一起修筑跑道，翻译培训学校里中美军人在进行精彩的摔跤比赛，美国军人和中国孤儿一起庆祝圣诞节……中美两国的共同抗战，不仅是两国共同利益的选择，更是两国人民之间友好感情的体现。

为了和平
军人与百姓之间的深情厚谊

中国某地,美国士兵正在喂缅甸孤儿吃饭,这些孤儿是被第 14 航空队解救出来的。

共同的记忆
中美抗战纪实

中国某地的街道上，中国孩子热烈欢迎美军士兵。

纪念中国人民抗日战争暨世界反法西斯战争胜利70周年

共同的记忆
中美抗战纪实

缅甸胡萨谷地，美国士兵在观看大篷车露天表演。

中国士兵们抬着运送血浆的冰箱。

为了和平
——军人与百姓之间的深情厚谊

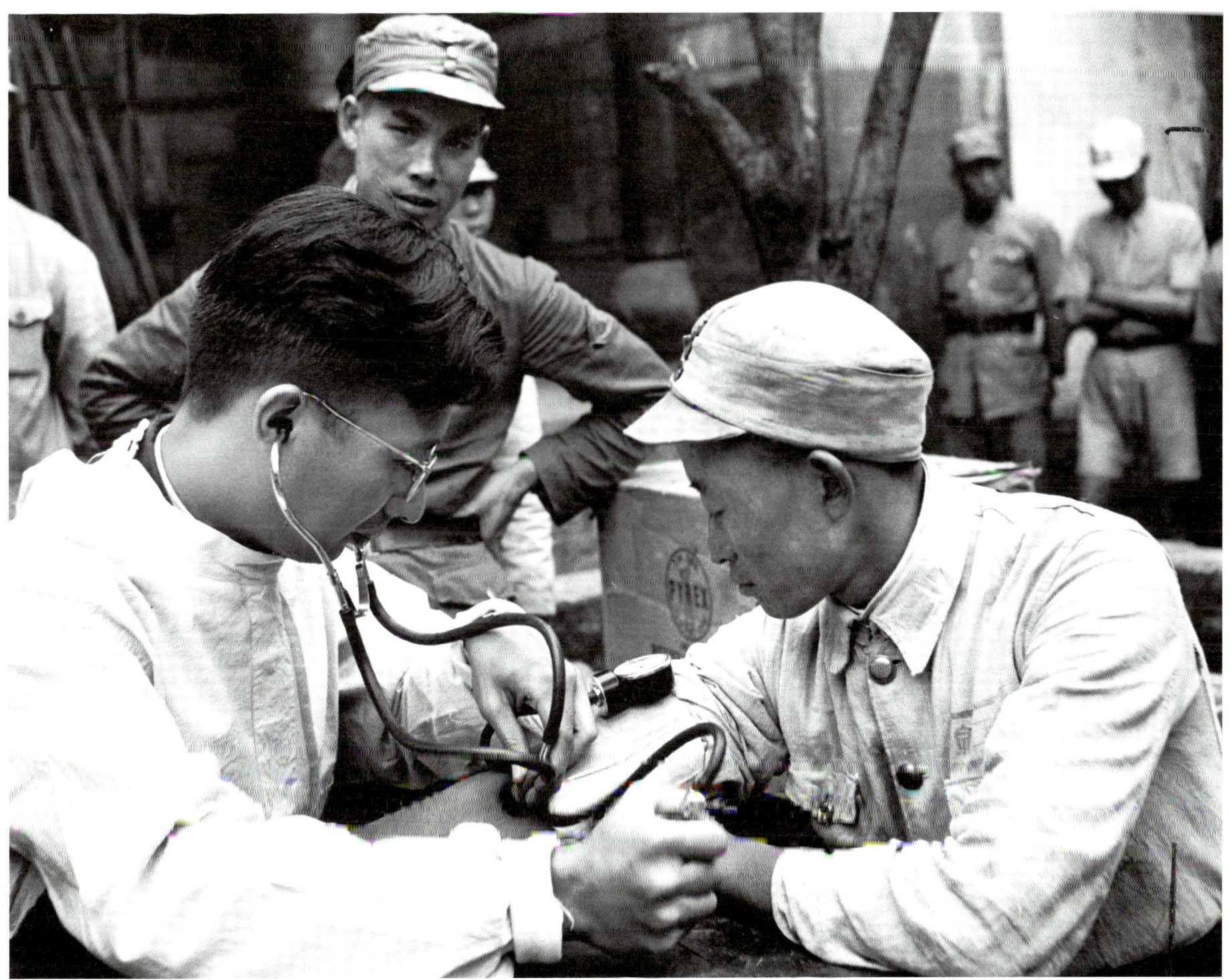

献血前,医护人员为战士们测量血压和血红素。

共同的记忆
中美抗战纪实

在美国哈佛和杜兰大学接受过培训的王医生在为战士们做献血前的简单检查。

纪念中国人民抗日战争暨世界反法西斯战争胜利 70 周年

在中国一座古老寺庙的庭院里,医护人员为驻扎在这里的战士们抽血。

共同的记忆
中美抗战纪实

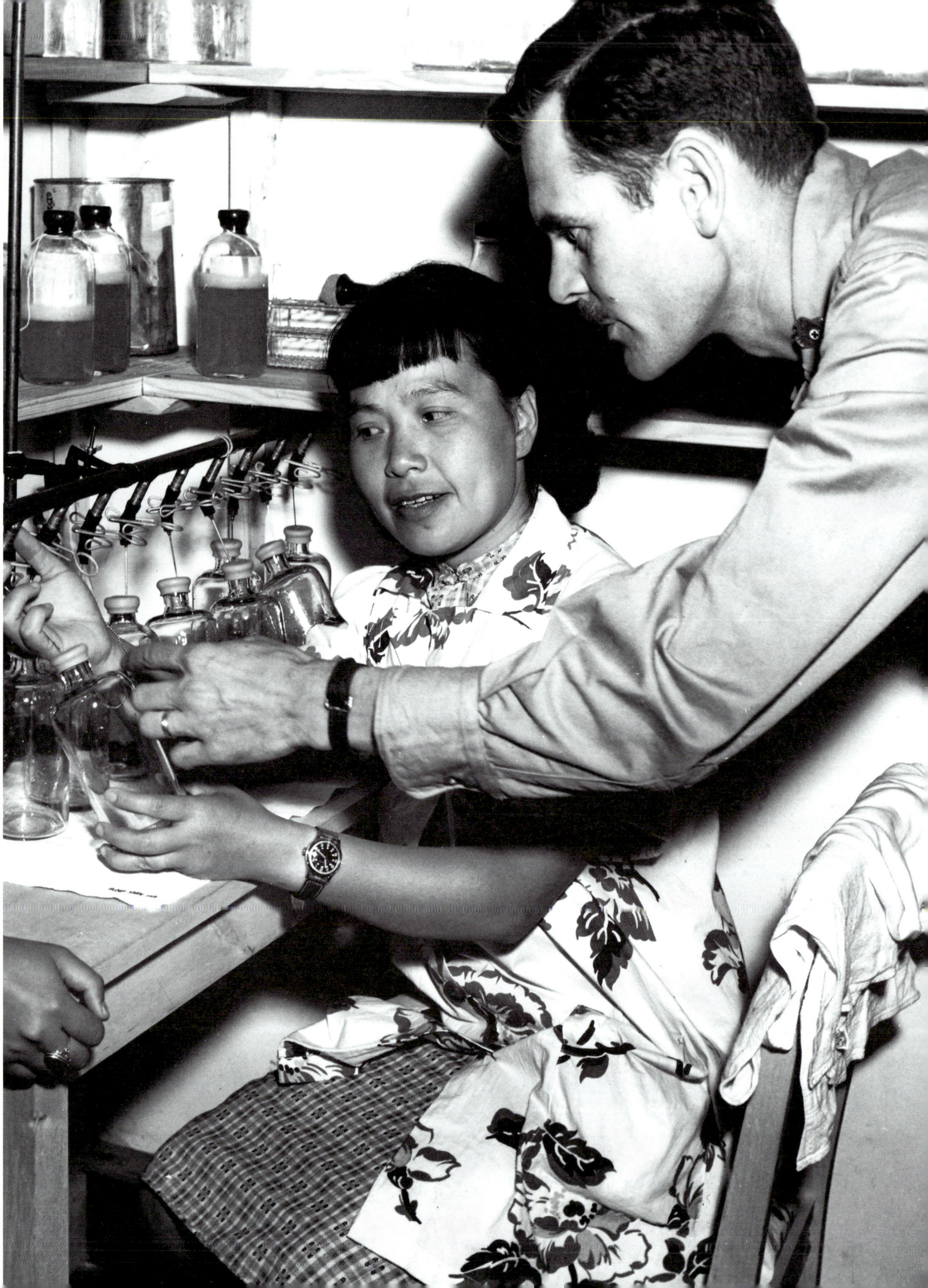

中国红十字会血库的血浆处理实验室。

纪念中国人民抗日战争暨世界反法西斯战争胜利 70 周年

为了和平
——军人与百姓之间的深情厚谊

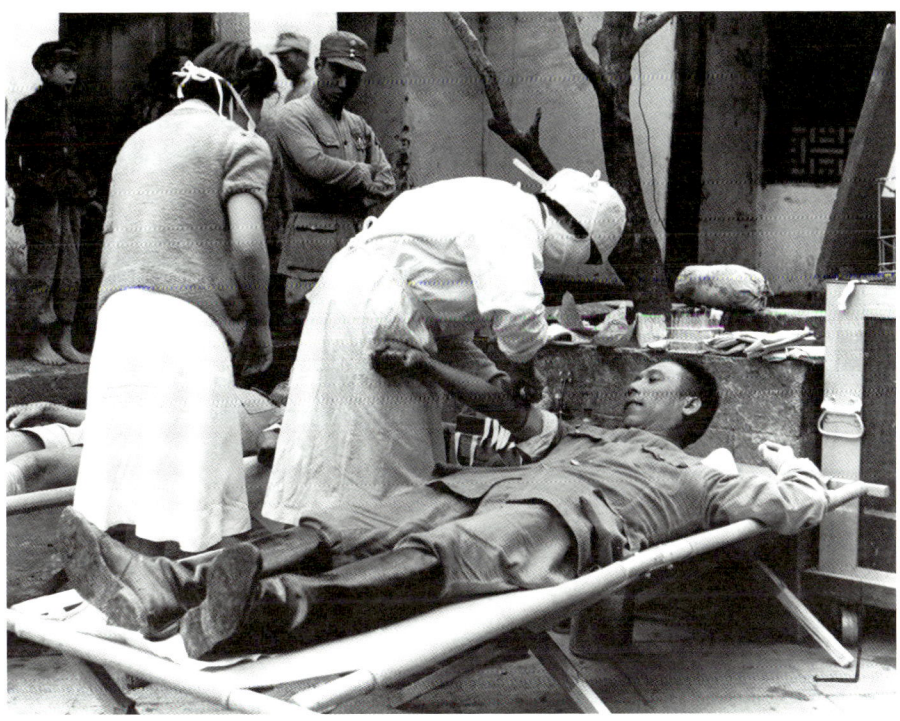
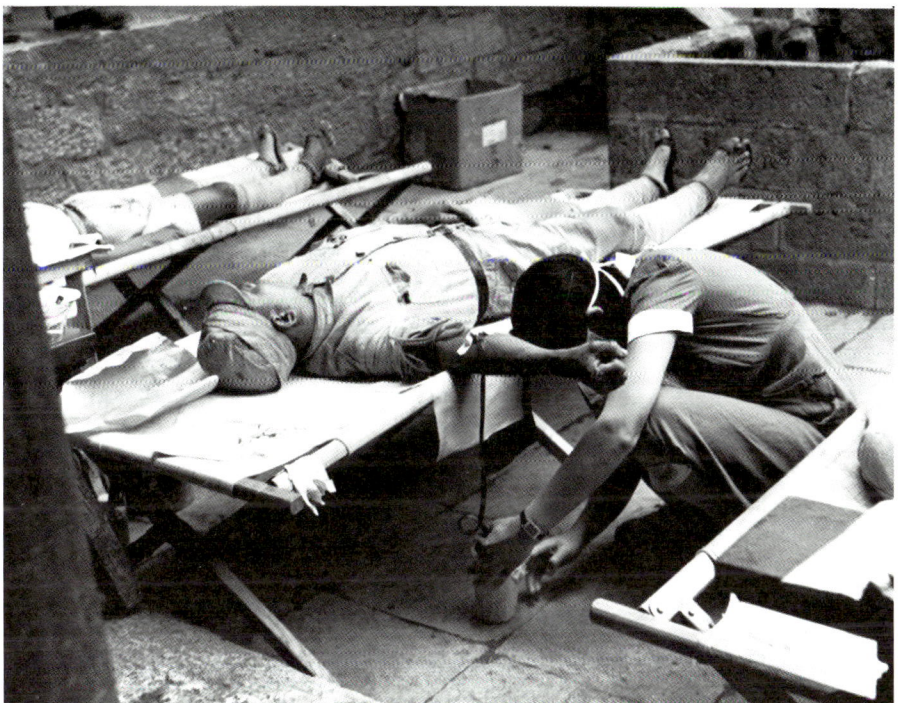

1.2. 寺庙里,中国士兵献血的场景。

共同的记忆
中美抗战纪实

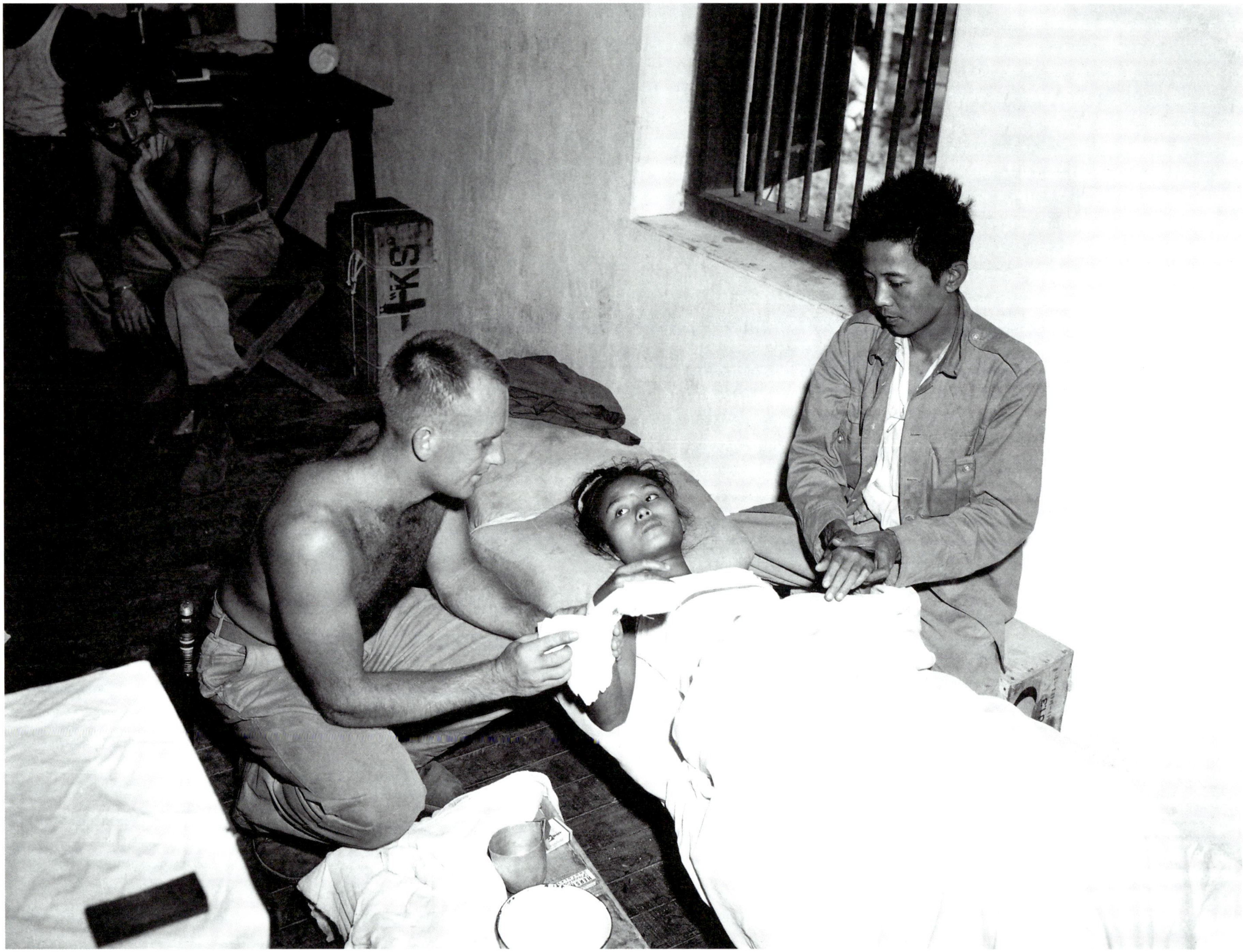

1945年3月21日，缅甸西保，一位美军医生正在为一位受伤的缅甸妇女治疗。

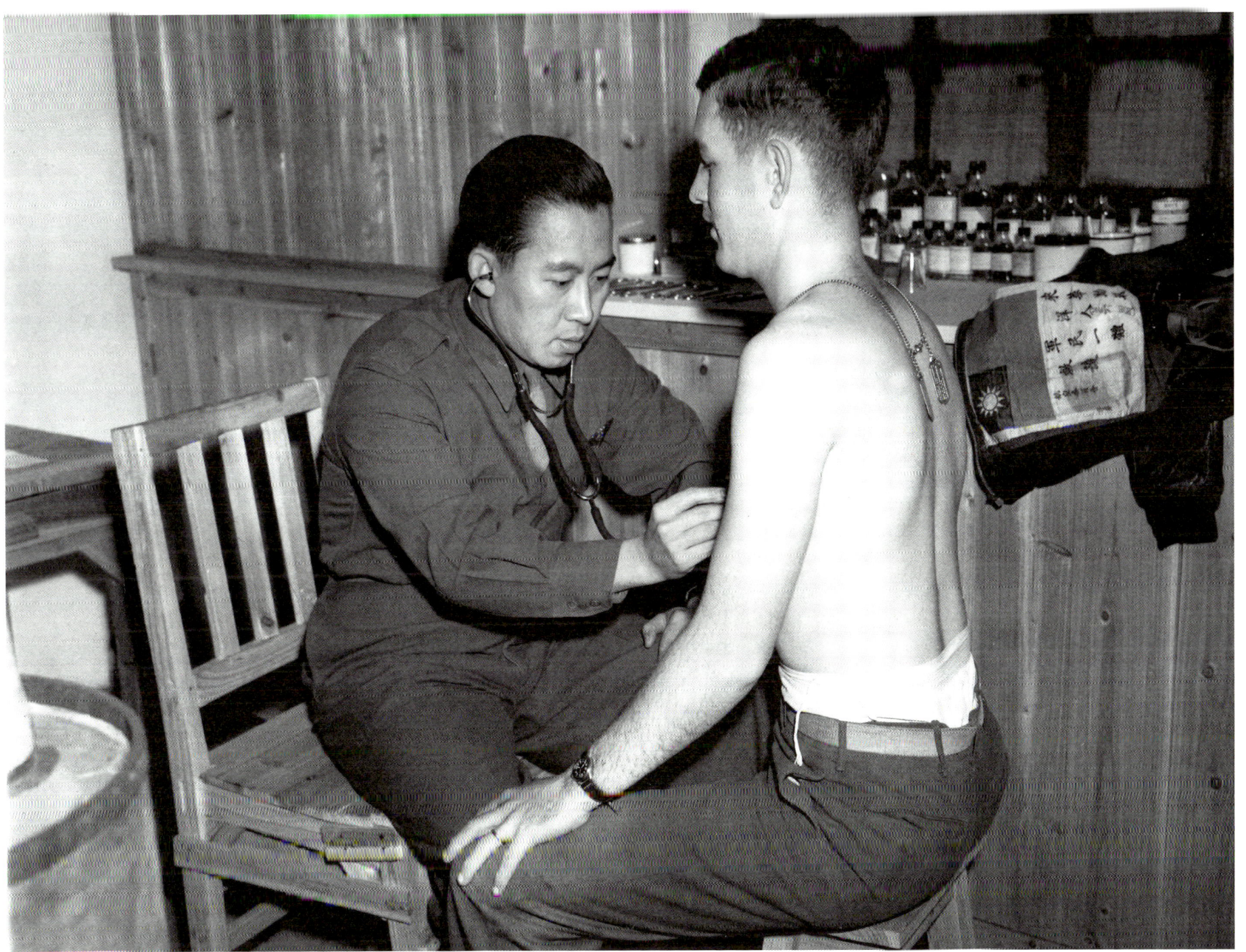

在中国某空军基地,中国军医在为美军炮兵检查身体。

一位美国医师在为特战队员检查身体。

怒江前线，Y部队的一支小分队与当地居民在一起。

共同的记忆
中美抗战纪实

中美联合航空大队的中美飞行员们在下中国象棋。

纪念中国人民抗日战争暨世界反法西斯战争胜利 70 周年

1944 年,在缅甸作战的间隙,中美士兵飞行在"驼峰航线"上。

为了和平
——军人与百姓之间的深情厚谊

翻译培训学校,摔跤比赛。

庆祝圣诞节的活动中，3 名战地医院的中国护士在与美国军官交谈。

庆祝圣诞节的活动中，一名美军海军行动队队员扮成圣诞老人，送给一个中国孤儿圣诞礼物。

在工作之余,几名中国空军司令部的救助船员正在愉快地交谈。

1945年3月21日,缅甸西保,一位中国士兵正在为发报的美军士兵摇发电机。

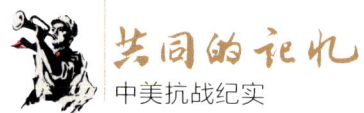
共同的记忆
中美抗战纪实

一名美国大兵和一名中国儿童。

中印缅战区,中国孩子和美军士兵,正在军队食堂的阁楼上为鸽子做检查。

中国西南部,一名Y部队的士兵在教中国男孩修推土机。

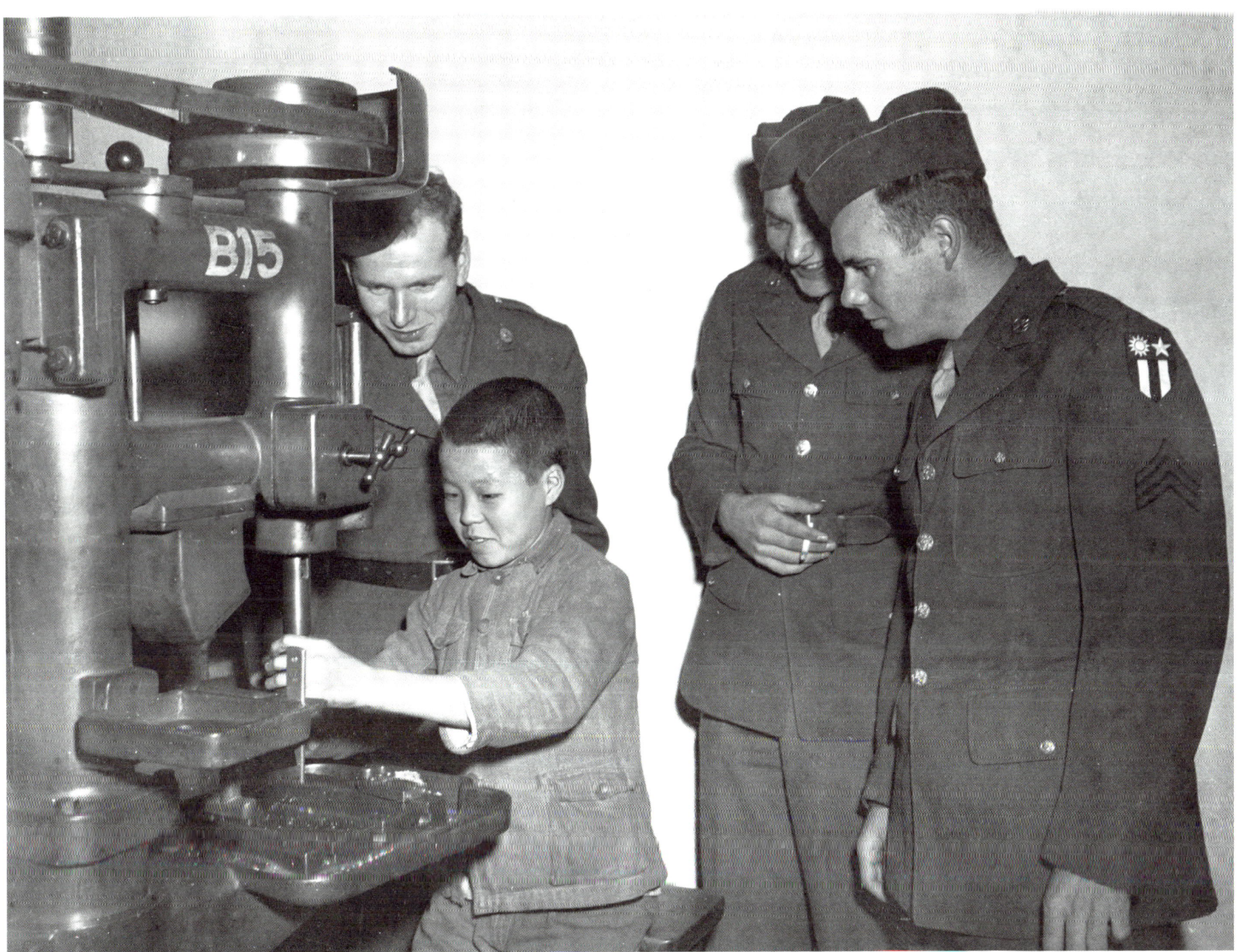

1943年6月,美国士兵参观中国生产抗战武器的兵工厂,一个男孩在演示操作钻床。

四个中国孩子好奇地看着吉普车通过新修建的腾冲大桥。

1945年3月,阿瑞卡中士骑摩托带着一个中国孩子。

共同的记忆
中美抗战纪实

一位中国学生用好奇的眼光看着美国士兵亚瑟用筷子吃罐头食品。

1944年12月19日,美军军人与身着戏服的中国演员合影。

共同的记忆
中美抗战纪实

注　释

1　"九一八事变"　　<<P6

1931年9月18日夜，日本关东军为制造事端，自行炸毁沈阳附近的一段铁轨，反诬中国军队所为，并以此为借口进攻中国东北军驻地北大营，炮轰沈阳城。次日，日军侵占沈阳。到1932年2月，整个东北三省沦于日本之手。

"九一八事变"，是日本帝国主义精心策划和长期准备的，为实现其独占东北、进而灭亡中国的图谋所采取的一个决定性步骤。日本帝国主义的野蛮侵略，激起中国人民的奋勇抵抗。

2　卢沟桥事变　　<<P6

也称"七七事变"。"九一八事变"后，日本逐步占领东北和华北部分地区，并蓄意进一步扩大侵华战争。1937年7月7日夜，日军一部在北平（即北京）卢沟桥附近"军事演习"，借口一名士兵"失踪"，要求进入宛平县城搜查。日方的无理要求遭到中国驻军的拒绝。当交涉还在进行时，日军即向卢沟桥一带的中国守军发起攻击，并炮轰宛平县城。中国驻军第29军一部奋起抵抗。事变第二天，中共中央通电全国，号召全国同胞团结起来，抵抗日寇侵略；蒋介石也要求驻军抵抗并宣布准备抗战。"七七事变"成为中国全民族抗战的开端，由此开辟了世界反法西斯战争的东方主战场。

3　飞虎队　　<<P8

全称"中国空军美国志愿援华航空队"，创始人是美国中将陈纳德，于第二次世界大战期间成立。这是一支由美国飞行人员组成的空军部队，在中国、缅甸等地与日军作战，并运送战略物资。

4　开罗会议　　<<P10

1943年11月22日至26日，美、中、英三国首脑罗斯福、蒋介石、丘吉尔在埃及首都开罗举行会议，着重讨论三国联合对日作战的计划，并一致通过了《开罗宣言》。宣言声明，在日本战败之后，剥夺日本自第一次世界大战开始后在太平洋上夺得或占领的一切岛屿，把日本所霸占的中国领土包括东北、台湾、澎湖列岛等地归还中国；把日本从它用暴力或贪欲所攫夺的所有土地上驱逐出去。宣言表示，三国将团结一致，把战争进行到日本无条件投降为止。《开罗宣言》在随后召开的慕尼黑会议上又征得苏联方面斯大林的同意，于1943年12月1日公布。

5　米娜宫酒店　　<<P10

开罗会议会址。

6　蒋介石（1887~1975）　　<<P10

近代中国著名政治人物及军事家。历任黄埔军校校长、中国国民党总裁、第二次世界大战同盟国中国战区最高统帅、中华民国总统等职。

7　富兰克林·罗斯福（1882~1945）　　<<P10

美国第32任总统，美国历史上唯一连任超过两届（连任四届，病逝于第四届任期中）的总统，也是美国迄今为止在任时间最长的总统。20世纪30年代经济大萧条期间，罗斯福推行新政，从经济危机的深渊中挽救了美国。第二次世界大战期间，他作为同盟国重要领导人之一，带领美国赢得"二战"的胜利。

8　温斯顿·伦纳德·斯宾塞·丘吉尔（1874~1965）　<<P10

1940 和 1955 年两度出任英国首相，领导英国走向了第二次世界大战的胜利。他所著《不需要的战争》获 1953 年诺贝尔文学奖。2002 年获选有史以来最伟大的英国人。

9　宋美龄（1897~2003）　<<P10

蒋介石的夫人，早年留学美国，活跃于政治、外交等领域，对近代中国历史与中美关系产生了深远的影响，是蒋介石的外交助手。她与姐姐宋霭龄、宋庆龄并称"宋氏三姐妹"。

10　克莱尔·李·陈纳德（1893~1958）　<<P11

美国陆军航空队中将，抗日战争时期任美国援华空军飞虎队队长。陈纳德先后参加了淞沪会战、南京保卫战和武汉会战，与中国和苏联空军司令官共同指挥战斗。

11　约瑟夫·史迪威（1883~1946）　<<P12

毕业于西点军校，参加过第一次世界大战，先后担任美国驻华大使馆武官、中国战区参谋长、中缅印战区美军总司令、东南亚盟军司令部副司令，后被晋升为四星上将。

12　亨利·哈利·阿诺德（1886~1950）　<<P15

美国十大五星上将之一。第二次世界大战时期，他历任美国陆军航空兵司令、主管航空兵事务的陆军副参谋长、陆军航空队司令等职，被称为"美国现代空军之父"。

13　"驼峰航线"　<<P16

"驼峰航线"是中美两国"二战"期间，为抗击日本法西斯侵略，保障中国战略物资运输，共同在中国西南山区开辟的空中通道。它的开辟是两国飞行人员共同创立的世界航空史上的英雄壮举。"驼峰航线"西起印度阿萨姆邦，向东横跨喜马拉雅山脉、高黎贡山、横断山、萨尔温江、怒江、澜沧江、金沙江、丽江白沙机场，进入中国的云南高原和四川省。航线全长 500 英里，地势海拔均在 4500～5500 米上下，最高海拔达 7000 米。山峰起伏连绵，犹如骆驼的峰背，故而得名"驼峰航线"。

14　中国远征军　<<P36

1942 年初，在中国抗战处于极为困难的境地时，中国政府仍根据国际反法西斯同盟的战略要求，派出远征军，有力配合盟军在亚太战场上的对日作战。中国远征军既支援了英军在滇缅（时为英属地）抗击日本法西斯，也为保卫中国西南大后方做出了重要贡献。中国远征军是中国与盟国直接进行军事合作的典范，也是甲午战争以来中国军队首次出国作战，立下了赫赫战功。

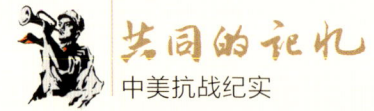

注　释

15　滇缅公路　　　<<P36

滇缅公路，即中国云南省到缅甸的公路，于1938年开始修建。公路与缅甸的中央铁路连接，直接贯通缅甸原首都仰光港。滇缅公路原为抢运中国政府在国外购买和国际援助的战略物资而紧急修建，随着日军进占越南，滇越铁路中断，滇缅公路竣工不久就成为中国与外部世界联系的唯一运输通道。这是一条诞生于抗日战争烽火中的国际通道，一条滇西各族人民用血肉筑成的国际通道，滇缅公路在第二次世界大战中扮演着重要的角色。

16　孙立人（1900~1990）　　　<<P88

先后毕业于清华大学、美国弗吉尼亚军事学院。中华民国陆军二级上将军衔，第一次入缅作战时任38师师长，在孟关杰布山隘、孟拱河谷等地击败日军。第二次入缅作战时任新一军军长，是抗日战争中军级单位将领中歼灭日军最多的将领，有"丛林之狐"、"东方隆美尔"之誉。

17　抗日民族统一战线　　　<<P116

在抗日战争时期，中国共产党同中国国民党第二次建立的合作，即形成抗日民族统一战线。1937年8月下旬，蒋介石被迫同意将在西北的红军主力改编为国民革命军第八路军（简称八路军）；10月，又将在南方13个地区的红军游击队改编为国民革命军新编第四军（简称新四军），至此，抗日民族统一战线正式形成，第二次国共合作开始。

18　埃德加·斯诺（1905~1972）　　　<<P116

美国著名记者。1928年来华，曾任欧美几家报社驻华记者、通讯员。1933年4月至1935年6月，同时兼任北平燕京大学新闻系讲师。1936年6月访问陕甘宁边区，写了大量通讯报道，成为第一个采访红区的西方记者。抗日战争爆发后，又任《每日先驱报》和美国《星期六晚邮报》驻华战地记者。1942年离开中国赴中亚和苏联前线采访。新中国成立后，他曾三次来华访问，并与毛泽东主席见面。1972年2月15日，斯诺因病在瑞士日内瓦逝世。遵其遗愿，他的一部分骨灰葬在中国，地点在北京大学未名湖畔。

19　"迪克西使团"　　　<<P116

1944年2月19日，罗斯福致函蒋介石，提出向抗日根据地派遣美军观察组的要求。蒋介石没有答应。同年6月，美国副总统华莱士奉罗斯福总统之命访问重庆。华莱士在谈判桌旁与蒋苦斗3天，终于以美国驻重庆的B-29远程轰炸机队需要根据地情报为由，迫使蒋答应美方向延安派遣观察组的要求。在美国人看来，中共抗日根据地有点类似于美国内战时期的战争地带——迪克西，于是称这一组织为"迪克西使团"。"迪克西使团"在延安活动的最主要成果就是向美国政府提交的大量报告。这些报告内容广泛而具体，包括抗日根据地内人民的生活、共产党军队的作战能力、共产党的外交政策等，为美国政府制定对华政策提供了大量可靠的第一手材料。

20　美国军事观察团　　　<<P116

整个美军观察团由18人组成，他们来自美国外交系统和海陆空三军，并代表了军医、情报等部门和许多技术兵种。

21　叶剑英（1897~1986）　　　<<P116

中国无产阶级革命家、军事家，中国共产党和中华人民共和国领导人，中国人民解放军创建人和领导人。

22　毛泽东（1893~1976） <<P118

马克思列宁主义者，中国无产阶级革命家、政治家、军事家，中国共产党、中国人民解放军和中华人民共和国的主要缔造者和领袖，毛泽东思想的主要创立者。毛泽东被视为现代世界历史中最重要的人物之一，《时代》杂志也将他评为20世纪最具影响100人之一。

23　重庆谈判 <<P118

1945年8月29日至10月10日，在抗日战争胜利之际，中国共产党和中国国民党就中国未来的发展前途、建设大计等问题，在重庆进行的一次历史性会谈。经过43天谈判，双方达成《政府与中共代表会谈纪要》，即《双十协定》。

中国抗日战争开始后不久，就形成了既相互依存又相互独立的两个战场：一个是由国民党军队所担负的正面战场，一个是共产党领导的人民军队所担负的敌后战场。这是中国抗日战争的显著特点。

中国共产党领导人民军队开辟的敌后战场，与正面战场相配合对日军形成战略夹击的格局，是一个伟大的创造。正面战场指中国人控制的连片国土与日军侵华推进线上日控区对峙交战而形成的战场。由于在这个战场上作战的中国军队主要是国民党的军队，因此一般也称其为国民党正面战场。

24　赫尔利（1883~1963） <<P118

出生于美国俄克拉荷马州，共和党人，1944年任美国驻华大使。

25　周恩来（1898~1976） <<P119

马克思列宁主义者，中国无产阶级革命家、政治家、军事家、外交家，中国共产党和中华人民共和国的主要领导人，中国人民解放军的主要创建人和领导人。他是以毛泽东同志为核心的党的第一代中央领导集体的重要成员，在国际上也享有很高威望。

26　王若飞（1896~1946） <<P119

中国无产阶级革命家。

27　朱德（1886~1976） <<P123

马克思列宁主义者，中国无产阶级革命家、政治家、军事家，中国共产党和中华人民共和国的主要领导人，中国人民解放军的主要创建人和领导人。

28　白求恩（1890~1939） <<P154

加拿大共产党员，国际主义战士，著名胸外科医师。1938年来到中国，支援中国人民的抗日斗争。

图书在版编目（CIP）数据

共同的记忆：中美抗战纪实 / 步平编著 . -- 北京：外文出版社 , 2015

ISBN 978-7-119-09462-5

Ⅰ . ①共… Ⅱ . ①步… Ⅲ . ①中美关系－抗日战争－史料 Ⅳ . ① K265.06 ② D829.712

中国版本图书馆 CIP 数据核字 (2015) 第 109773 号

指　　　导：中华人民共和国国务院新闻办公室 中国社会科学院 深圳市越众文化传播有限公司
总 策 划：方正辉　陆彩荣　李智慧　应　宪　徐　步　解　琛
主　　编：步　平　解　琛
撰　　稿：解　琛　步　平　金以林　李学通　卞修跃　等
图片提供：中国社会科学院 美国国家档案馆 人民画报社 深圳市越众文化传播有限公司 台湾中央通讯社 等
责任编辑：文　芳　王际洲
装帧设计：北京大盟文化艺术有限公司
印刷监制：冯　浩

共同的记忆
中美抗战纪实

出 版 人：徐　步
出版发行：外文出版社有限责任公司
地　　址：北京市西城区百万庄大街 24 号　邮政编码：100037
网　　址：http://www.flp.com.cn　　　电子邮箱：flp@cipg.org.cn
电　　话：008610-68320579（总编室）　008610 68327750（版权部）
　　　　　008610-68995852（发行部）　008610-68995962（编辑部）
印　　刷：鸿博昊天科技有限公司
经　　销：新华书店 / 外文书店
开　　本：787mm×1092mm 1/12　印张：17.5　字数：100 千
版　　次：2015 年 8 月 第 1 版第 1 次印刷
书　　号：978-7-119-09462-5
定　　价：128.00

版权所有　侵权必究　如有印装问题本社负责调换（电话：010-68995960）